AF264034

NOUVELLE

PROTESTATION

DE

M. COUTURIER

Officier de l'administration de la marine

CONTRE

SON MAINTIEN EN AFRIQUE

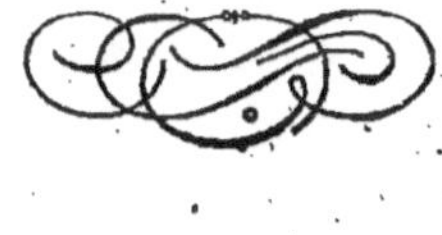

ALGER

TYPOGRAPHIE ET LITHOGRAPHIE DE F. PAYSANT

Rue des Trois-Couleurs, 19.

—

1869

NOUVELLE PROTESTATION

DE

M. COUTURIER

> Il importe que chacun défende ses droits avec fermeté. — Le droit est sacré puisqu'il est le principe conservateur de l'individu. — Repoussez l'injustice faite à autrui avec la même énergie, la même persévérance que si elle l'était à vous-même. — Des actes, des actes et encore des actes.
>
> LAMENNAIS (*Le Livre du peuple*).

Alger, le 1er juillet 1869.

Il y a un an, à cette même date, j'ai protesté contre mon envoi en Afrique. J'ai soutenu, en l'appuyant des faits les plus précis, l'opinion que cette mesure avait été un acte arbitraire d'abord, puis extrêmement injuste. Que fut-il répondu à ma protestation que tout le monde trouva si complètement motivée ? Rien autre chose que ceci : *M. Couturier fera un mois de prison militaire pour avoir publié, sans autorisation, un écrit d'un caractère évidemment hostile à l'autorité.*

Ces quelques mots, comparés à ce que j'ai expliqué dans ma brochure, constituent-ils une réponse à ma protestation ? Est-ce autre chose qu'un faux-fuyant dont on s'est servi pour qu'un ministre n'eût pas à reconnaître qu'il s'était laissé étrangement abuser ? — Je n'ai pas, est-il dit, demandé l'autorisation de publier mon écrit ? N'aurais-je pas été bien naïf de solliciter de M. Rigault de Genouilly, la permission de démontrer qu'il avait fait un acte inutile et injuste. Je me montre hostile à l'autorité ! Mais comment signaler l'injustice de bien des gens qui administrent sans être, à leurs yeux, plus ou moins hostile à cette autorité dont ils font partie ?

Mon incarcération durant un mois au Fort-l'Empereur fut unanimement considérée comme une mesure qui révélait la perplexité d'un ministre comprenant qu'on l'a trompé, mais n'ayant pas, dans cette circonstance, assez de largeur d'esprit pour reconnaître franchement qu'il avait été induit en erreur. Aussi aujourd'hui puis-je poser ce dilemme à M. Rigault de Genouilly : ou j'ai dit des choses inexactes dans ma protestation, et alors un châtiment d'un mois de prison, sans la perte de mon emploi, est insignifiant ; ou j'ai dit des choses vraies, et dès lors cette incarcération et mon maintien en Algérie sont, pour la satisfaction de votre amour-propre, une persévérance très-fâcheuse dans la voie de l'arbitraire.

Je le soutiens, une opiniâtreté vraiment déplorable à marcher dans la plus belle route que l'arbitraire puisse se frayer. Pourquoi, Monsieur le Ministre, vous qui devez votre protection aux plus modestes membres de la marine, soustrayez-vous un officier à ses juges naturels ? Pourquoi cela, si ce n'est afin de pouvoir être autoritaire en toute liberté ? N'est-il pas dit quelque part qu'une faute estimée grave ayant été commise par un fonctionnaire nommé par décret royal ou impérial, la conduite de l'inculpé doit être soumise à l'appréciation d'un conseil d'enquête ? Quand m'a-t-il été permis de me faire entendre dans mes moyens de défense ? Dès l'instant qu'il y a des règles formelles à observer, l'emploi du pouvoir discrétionnaire est une monstruosité !

D'après les termes de la loi, vous n'avez aucunement le pouvoir d'infliger une punition des plus sérieuses à un officier sans lui donner des juges. Or quelle punition est beaucoup plus sévère qu'une sorte de déportation ? Je dis déportation, parce que, on le sait, ce n'était pas du tout à moi à servir en Afrique. Et selon le sentiment général, un ministre assume une terrible responsabilité quand, s'abstenant de s'entourer des précautions indiquées par les réglements, il prescrit des mesures coercitives pouvant avoir, pour celui qu'elles atteignent, les plus funestes conséquences. Les Rochefortins qui ont de la mémoire et du cœur, n'oublieront jamais qu'un des plus vaillants hommes de la démocratie, le capitaine d'artillerie Lapeyre, alla mourir à Nossi-Bé à cause de ses idées généreuses. Si l'on avait pu m'envoyer dans le pays d'où l'on revient le moins, on l'eut fait. Mais les sous-agents administratifs ne servent pas dans d'autres colonies qu'en Algérie ! ! !

Tous les fonctionnaires qui ont en France des intérêts, tous les hommes qui réfléchissent comprendront qu'une proscription, même déguisée, est dans presque tous les cas plus grave qu'une mise à la réforme ; et cependant il n'est pas permis à un ministre de faire prononcer cette dernière mesure de rigueur sans qu'il ait mis sa responsabilité à l'abri de l'opinion d'un conseil d'enquête. M. Rigault de Genouilly pouvait-il se croire suffisamment édifié ? Mais quand on voit des innocents mourir au bagne, malgré toutes les précautions prises par la justice, comment un homme, quelque clairvoyant qu'il se suppose, ne craint-il pas de substituer à des règles précises son pouvoir discrétionnaire. Le ministre devait, c'est positif, me faire comparaître devant le tribunal créé pour la sauvegarde des officiers. En ne le faisant pas, il m'a donné le droit de lui dire : vous n'avez pas été un ministre intègre à mon égard, puisque, en ce qui me touche, vous avez mis le régime du bon plaisir et de la complaisance à la place du règne de la loi.

En persistant dans le maintien de son abus de pouvoir, M. Rigault de Genouilly agit d'une façon que l'on doit réprouver d'autant plus que je viens de le mettre de nouveau en situation de réparer son erreur. Il lui a été placé sous les yeux un résumé de ma protestation du 1ᵉʳ juillet 1868. Voici la lettre qui a dû lui arriver par la voie hiérarchique :

Au Capitaine de frégate, Directeur du port d'Alger.

1ᵉʳ juin 1869.

Commandant,

J'ai soulevé la question de savoir si, dans le cas où j'offrirais la démission de mon grade de sous-agent administratif, j'obtiendrais des frais de route pour regagner Rochefort, qui a toujours été mon port d'attache. On n'a trouvé rien de précis pour ce cas dans les documents spéciaux, et dès lors, on ne croirait pas pouvoir m'accorder l'allocation à laquelle je pense que j'aurais des droits si je devenais démissionnaire.

J'ai l'honneur, Commandant, de vous expliquer sur quoi je fonde mes droits. Ma situation ne me paraît pas être du tout la même que celle des démissionnaires habituels. Ce n'est pas sur ma demande que je suis venu en Algérie, ce n'était pas non plus mon tour d'y venir. J'ai été envoyé ici, comme vous le savez, par mesure disciplinaire, mais sans avoir pu obtenir le conseil d'enquête que rend obligatoire la loi sur l'état de l'officier. L'année dernière, j'ai protesté contre mon envoi en Afrique, et je crois avoir prouvé qu'aucun de mes actes n'obligeait à agir envers moi ainsi qu'on la fait. Néanmoins M. le Ministre n'a pas annoncé qu'il eût l'intention de me rappeler en France, où des raisons majeures me font souhaiter de rentrer. Or je n'ai qu'un moyen de pouvoir retourner à Rochefort : c'est de me démettre de mon emploi ; mais il me semble que les circonstances dans lesquelles je me trouve constituent une position exceptionnelle que les règlements n'ont pu pré-

voir, et faisant naître une question que le Ministre doit être appelé
à trancher. Je vous prie de vouloir bien vous intéresser à la solu-
tion de cette question.

Après quinze jours d'examen de cette lettre dans les bu-
reaux du ministère, une dépêche y ayant trait arrive à Alger.
Enfin ce doit être une réponse catégorique ; on n'a plus recours au subterfuge; on se prononce sur tous les points ; on
dira du moins que si je suis en Afrique, je l'ai mérité ; qu'un
conseil va le constater. Vaine espérance ! Cette réponse est
le digne pendant de celle faite en 1868 à ma protestation :
encore un faux-fuyant ! En lisant cette dépêche, on pourrait
croire que je suis venu en Afrique pour mon agrément, et
que me trouvant dans la gêne, on me fait l'aumône de la va-
leur d'une traversée. Quelle singulière façon d'agir ! Le Ministre peut-il jouer un rôle moins digne de lui ? Comment ce
rôle de personnage muet, n'osant pas regarder la vérité en
face, peut-il convenir à M. Rigault de Genouilly ? Pourquoi
ne me répond-il pas plus qu'il n'a répondu au lieutenant de
vaisseau Lullier qui, pourtant, ainsi que moi, lui a révélé
des choses bien dignes d'attention ?

La réponse de Son Excellence est quelque chose de si peu
sérieux, qu'il était inutile de la reproduire ici. Plusieurs
personnes de conscience qui ont rapproché cette réponse
de la demande ont éprouvé une réelle indignation, et se sont
écriées : Le Ministre n'a pas vu votre lettre ! on lui en a caché
la partie essentielle ! Quoiqu'il en soit, l'opinion publique en
constatant l'inexplicable mutisme de M. Rigault de Genouilly,
lui est contraire et nous venge ; car aujourd'hui il ne peut même plus me signaler comme un perturbateur. Bien des gens,
après avoir lu ma brochure du 1ᵉʳ juillet 1868, pensèrent que
les élections générales ne se passeraient point sans que je
crusse pouvoir afficher certaines prétentions. Le Ministre
comptait peut-être sur quelque manifestation de ma part

pour dire : vous le voyez, c'est un ambitieux, un agitateur ; mais cette ressource lui fait encore défaut.

Oui, Monsieur Rigault de Genouilly, Votre Excellence ne pourrait pas découvrir dans mon dévoûment aux hommes occupés de travaux manuels, un mobile prenant sa source dans mon intérêt particulier. Si j'avais voulu renoncer à plaider la cause des ouvriers des arsenaux, l'on ne m'aurait pas du tout envoyé en Afrique ; j'aurais sûrement obtenu une bonne place ; elle m'avait été offerte, et même bien long-temps après la publication de ma grammaire. Saviez-vous cela ? Mais je m'estimerais peu, si, rentrant en moi-même, je devais me dire : Tu ne te serais point intéressé à l'amélio-ration du sort de tes semblables, si tu avais dû ne rien re-cueillir en leur prêtant ton appui ; ou bien : Tu les aban-donnes à eux-mêmes parce que l'on t'accorde une faveur.

Jamais, je l'espère, interrogeant ma conscience, je n'aurai à me parler ainsi ; car je comprends que les rangs popu-laires, à quelque degré qu'ils soient mal traités, préfèrent ne pas être défendus du tout, que de l'être par des individus de ce caractère. D'ailleurs, ceux dés enfants du peuple qui ont quelque dignité refuseront de jouer un pareil rôle : ils sau-ront de plus en plus défendre les spoliés, uniquement par amour du juste et du bien, et loin de chercher autre part que dans leur satisfaction intérieure et dans l'estime publi-que, une récompense de leurs efforts, ils seront capables, si cela est urgent, de sacrifier pour que la vérité l'emporte, les positions les plus péniblement acquises.

Oui, Monsieur le Ministre, je vous le dis encore : si vous m'aviez donné les juges auxquels j'avais, auxquels j'ai tou-jours des droits incontestables, vous auriez vu les hommes in-tègres refusant de marcher avec vous dans la voie de répres-sion que vous avez suivie à mon égard avec une inqualifiable persistance. Vous auriez reconnu jusqu'à la dernière évidence que je n'ai été envoyé en Afrique que pour avoir fait ce qu'il était digne et nécessaire que je fisse. Le conseil aurait constaté que j'ai aidé les ouvriers, mais sans esprit de parti. Peut-être aussi eut-il acquis la conviction que je ne suis en Afrique que pour avoir agi de façon à empêcher qu'à Toulon, en 1865, des travailleurs ne tombassent sous les coups de la force publique comme cela vient d'avoir lieu à la Ricamarie.

Le conseil d'enquête vous aurait assuré qu'à votre début dans vos fonctions de Secrétaire d'Etat de la Marine et des Colonies, on vous avait profondément induit en erreur à mon sujet, pour la satisfaction de certaines gens qui ne redoutent rien tant que de voir les classes laborieuses en mesure d'apprécier leurs droits et de constater les injustices commises envers elles. Mais ces gens qui espèrent obscurcir la vérité par l'intrigue, seront trompés dans leurs espérances. La lutte des hommes du progrès et du dévoûment contre eux, qui ne sont que les hommes du passé et de l'égoïsme sera énergique. Leurs actes seront soumis à un sévère examen ; on verra nettement leur manière de procéder, et alors on sera étonné de tous les stratagèmes auxquels ils ont recours pour frustrer le plus pauvre de ce qui lui est si légitimement dû.

Il y a quelques jours à peine, l'Empereur, à Chartres, faisait appel à la conciliation, demandait le sacrifice des regrets, des rancunes, et cependant d'éclatants dénis de justice, de détestables œuvres de la part de membres de son gouvernement raniment la défiance, ravivent les haines et entretiennent d'ardentes aspirations. Des Ministres répondent par le silence ou l'ironie aux plus justes demandes, aux plus légitimes revendications. J'en suis un exemple. En vain je dis à M. Rigault de Genouilly : J'ai les mains pleines de preuves, les plus honorables témoignages ne me manqueront pas, pour vous démontrer que ma ligne de conduite, tout en étant celle du dévoûment aux classes d'où je tire mon origine, est la ligne de l'honnêteté, de l'ordre, en même temps que de la liberté. Mutisme absolu ! persistance orgueilleuse, mais qui n'en impose à personne, à exercer un aveugle despotisme ministériel.

Il fait cause commune avec ceux qui disent : Vous éclairez sur leurs droits les gens que nous voulons garder dans l'ignorance pour les gouverner aisément; vous leur signalez les spoliations commises à leur préjudice; vous êtes une individualité dangereuse qu'il convient de maintenir hors la loi. Par cet emploi de l'abus de pouvoir les hommes de proie et de domination espèrent démoraliser les défenseurs des multitudes exploitées ; mais ils ne réussiront pas. L'énergie de ces défenseurs redoublera malgré les iniquités dont on cherche à les faire les objets, et ils parviendront bien à forcer à parler ceux qui voudraient se taire. Quant à moi, ma résolution de servir activement dans les rangs des hommes agissant pour le triomphe de la vérité et du droit, est une résolution que rien ne saurait ébranler. J'ai encore quelques causes justes à soutenir, certains actes indignes à dévoiler, et le mémoire que je publierai bientôt sera peut-être dans cet ordre d'idées un enseignement ne manquant pas d'importance.

COUTURIER,

Officier de l'administration de la marine
et instituteur.

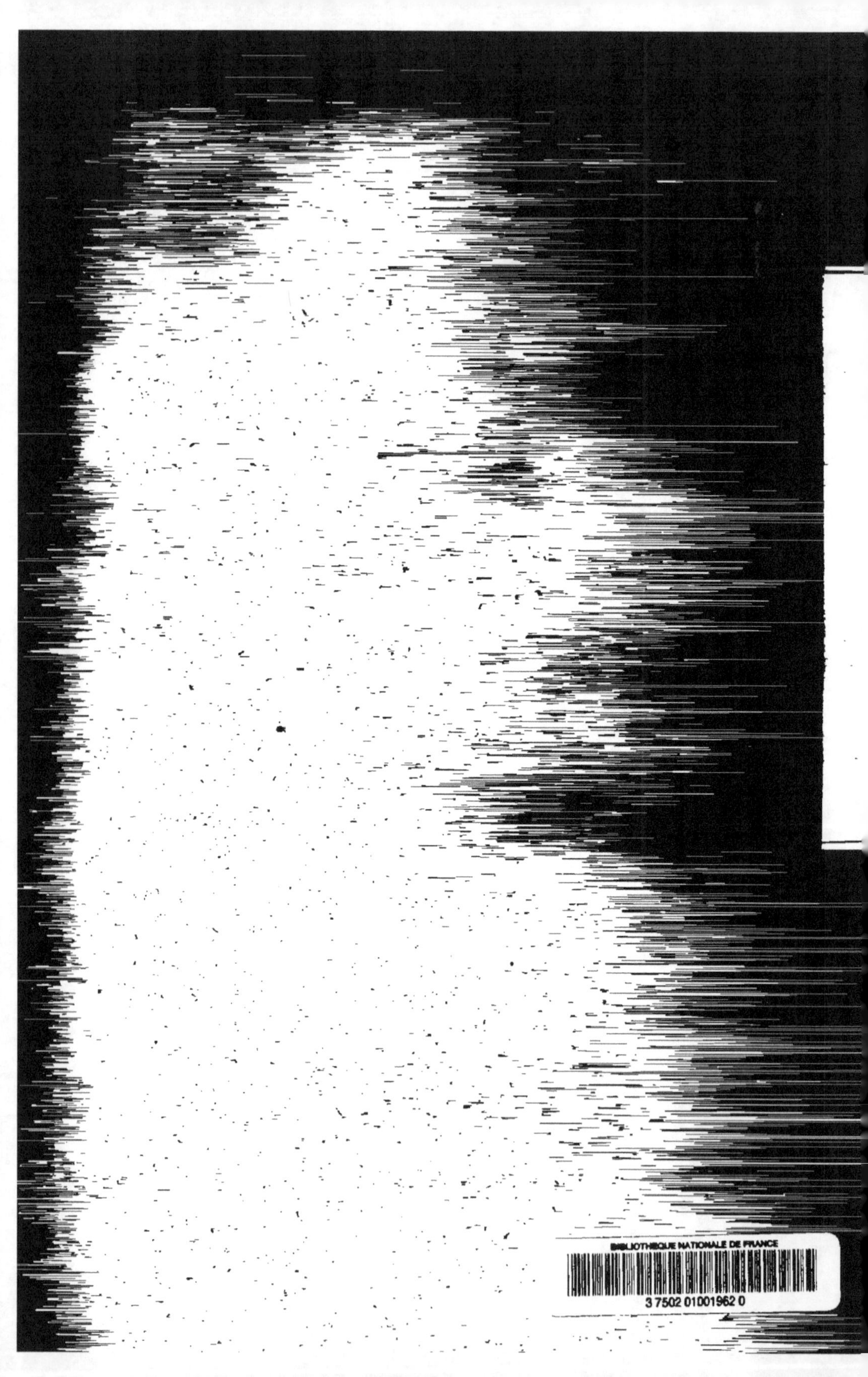